세상에서 가장 슬픈 금메달

처음부터 제대로 배우는 한국사 그림책 08

세상에서 가장 슬픈 금메달 _청동 투구가 들려주는 일제 강점기 이야기

초판 1쇄 발행 2017년 5월 26일
초판 6쇄 발행 2023년 4월 7일

글 김해등
그림 신민재

펴낸곳 도서출판 개암나무(주)
펴낸이 김보경
경영관리 총괄 김수현　**경영관리** 배정은
편집 조원선 오누리 김소희　**디자인** 이은주　**마케팅** 김유정
출판등록 2006년 6월 16일　제22-2944호

주소 서울특별시 용산구 한남대로40길 19, 4층(한남동, JD빌딩) (우)04417
전화 (02)6254-0601, 6207-0603　**팩스** (02)6254-0602　**E-mail** gaeam@gaeamnamu.co.kr
개암나무 블로그 http://blog.naver.com/gaeamnamu　개암나무 카페 http://cafe.naver.com/gaeam

ⓒ 김해등, 신민재, 2017
이 책의 저작권은 저자에게 있습니다. 저자와 출판사의 허락 없이 내용의 일부를 인용하거나 발췌하는 것을 금합니다.

ISBN 978-89-6830-381-4 74900
ISBN 978-89-6830-122-3(세트)

이 도서의 국립중앙도서관 출판시도서목록(CIP)은 서지정보유통지원시스템 홈페이지(http://seoji.nl.go.kr)와 국가자료공동목록시스템(http://www.nl.go.kr/kolisnet)에서 이용하실 수 있습니다.
(CIP제어번호: CIP2017010365)

품명 아동 도서 | **제조년월** 2023년 4월 7일 | **사용연령** 10세 이상
제조자명 개암나무(주) | **제조국명** 대한민국 | **전화번호** 02-6254-0601
주소 서울특별시 용산구 한남대로40길 19, 4층(한남동, JD빌딩)

청동 투구가 들려주는
일제 강점기 이야기

세상에서 가장 슬픈 금메달

김해등 글 신민재 그림

개암나무

榮譽의 우리孫君

[上] 머리에는 月桂冠, 두 손엔 橄欖樹의 花盆! 마라손 正門을 나서서 勇 라손 優勝者 //우리勇士孫基禎君// [下]––[지난九日世界制覇한 그날] 躍出發하는 孫選手(×印)

猛烈한 颱風發生
災地三南에 驀進
進路變치안흐면 數日行程

【仁川】또푹풍경보! 천후에서 발signal이만흔 【一二一】을압두고 동경(東京)긔상대발표에의하면 북서(北西)二三도 즉비율빈(比律賓)동해상에 맹렬한태풍발생하엿다는데 현재의 지점으로는 보이고잇어 구주(九州)一부와 남조선(南朝鮮)을 정면으로 습격하더라도 삼사일을 요한다고한다.

樂에 惡疾엇고

女商基礎完成
廿萬圓財團法人組織
桂洞町 韓亮鎬氏 또十萬圓喜捨

시내 게동정(桂洞町)二四六한량호(韓亮鎬)씨는 지난 一월 경영곤난에 처하여잇든 여자상업학교(女子商業學校)에 十만원의 긔부금을 내여 그의 수색원이 들어왓든바 그것을 전부二十만원이라고 함. 하순경에 그의방호연회를 실시할 다.

의 가족들이 자고잇든 모긔장에 불이부터 모긔장과 가구등을 전소한후 곳 진화되엇으나 인조의 화 상없이 모긔장에 담배불이 불원이라 한다.

商業協會組織

유중인 상업미술가(商業美術家)로 조직된 상업미술가 조직하고 그 사무소를 시내남대문통(南大門通)二정목一二一에두고 매년(大門通)二처으로 작품전(展)을 개최한다고한다.

[순창] 十九호의 참사를 一겁에 합계치못할 폭풍우의 태풍속 보낸다음과같다.

死傷	全州府完山洞	一七六
家屋全燒		流失
全州府完山洞 三三失		八六七
群山府(沃溝)		一〇一七
茂朱郡		死七
錦安郡		一四二
任實郡		三三
淳昌郡		六五
扶安郡		三一
金堤郡		四八〇
錦山郡		五三
茂朱郡		三二

기쁘기도 하지만 실상은 웬일인지 이기고 나니

기쁨보다 알지 못할 설움이 북받쳐 오르며 울음만 나옵니다.

남승룡과 함께 사람 없는 곳에 가서

남몰래 서로 붙들고 몇 번인가 울었습니다.

이곳의 동포들이 축하하는 말을 들으면 들을수록

눈물만 앞섭니다.

-1936년 8월 9일 베를린 올림픽 우승 후
동아일보와 전화 인터뷰 중에서

불볕이 내리쬐는 한여름이야.
이런 날이면 시원한 나무 그늘 아래에서 쉬거나
찬바람이 나오는 실내에만 머물고 싶지.
다행히 내가 있는 국립중앙박물관은 아주 선선해.
지금은 이렇게 신선놀음을 하고 있지만,
한때 나는 피비린내 진동하는 전쟁터를 누볐단다.
기원전 600년쯤 그리스에서 말이야.
내가 누구냐고? 그때 어느 그리스 병사가 썼던 청동 투구야.
그리스의 유물이 왜 한국의 박물관에 있냐고?
그래, 사실 나도 그 이야기를 하고 싶어.
지나가는 아이를 붙잡고라도.

마침 박물관의 문이 열리네.

여름 방학이라 그런지 이곳을 찾는 아이들이 꽤 늘었어.

하지만 내가 있는 2층에는 좀처럼 올라오지를 않아.

1층에 볼거리가 더 많아서 그런가 봐.

박물관이 문을 연 지 한참 지났을 때야.

"와, 저 투구는 누가 썼던 걸까?"

오동통한 아이가 내게 다가오며 말했어.

그러자 유난히 눈이 큰 아이가 똑똑한 척 대답했지.

"보면 모르냐? 이순신 장군이잖아!"

난 그 말을 듣고 하마터면 뒤로 벌러덩 나자빠질 뻔했어.

"아유, 뚱딴지같은 소리 하지 말고 여길 좀 봐!"
함께 온 여자아이가 나에 대해 설명해 놓은 표지판을 가리켰어.
둘은 머쓱해하며 표지판으로 눈길을 돌렸어.
"아, 손기정? 마라톤 선수라고?"
"그럼 이 무거운 투구를 쓰고 마라톤을 했단 말이야?"
오동통한 애가 얼토당토않다는 듯이 되물었어.
보다 못한 여자아이가 다시 또박또박 설명을 했지.
둘은 그제야 눈을 동그랗게 뜨고 나를 유심히 살폈어.
하지만 곧 흥미를 잃고는 자리를 떠났어.

아이들이 떠나가고 조용해지니 새삼 그날이 생생하게 떠올랐어.
1936년 8월 10일 아침이었지.
라디오에서 한껏 들뜬 아나운서의 목소리가 터져 나왔어.
"자랑스러운 손기정 선수가 베를린 올림픽 마라톤 경기에서
올림픽 신기록을 세우며 금메달을 땄습니다!"

1910년, 조선은 일본에 합병을 당했어.

일본은 순종 황제를 위협하고, 매국노들을 앞세워

강제로 조선을 자기 나라로 삼았지.

약한 나라를 집어삼키고 있던 강대국들은

일본의 부당한 행위를 모른 체하고 눈감아 버렸어.

백성들은 통곡을 하며 땅을 쳤어.

나라가 망해도 책임질 사람이 없다며

시인이자 학자였던 매천 황현은 독약을 마시고 순절˙했어.

조상을 뵐 낯이 없고 후손에 부끄럽다며

자결˙을 하는 사람들이 점점 늘어 갔지.

고종 황제 때 내시였던 반하경과

천하다고 손가락질을 받던 백정 황돌쇠까지도 자결했어.

모두들 세계 지도에서 조선이 지워져 가는 것을 가슴 아파했단다.

순절 신념을 지키기 위하여 죽음.
자결 불의를 보고 참지 못하거나 원칙과 신념을 지키기 위해 스스로 목숨을 끊음.

일본은 군대를 앞세워 조선을 통치하기 시작했어.

일본에 조금이라도 맞섰다가는 끌려가 고문을 당하고, 목숨을 잃었지.

어찌나 악독하게 굴던지 우는 애들도 일본 헌병만 보면

울음을 뚝 그칠 정도였어.

삼천리강산에는 눈물과 한숨이 넘쳐 났단다.

손기정은 그런 시대에 태어났어.

1912년 평안북도 신의주에서 말이야.

나라를 빼앗긴 지 두 해가 지난 뒤였는데,

다들 사는 게 힘들어 배를 곯기가 일쑤였지.

일본은 토지를 강제로 빼앗은 것도 모자라 애써 농사지은 곡식마저

자기네 나라로 마구 싣고 갔어.

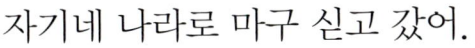

1919년 3월 1일!
견디다 못한 조선 사람들이 들불처럼 들고일어났어.
손에 손에 태극기를 들고 거리로 뛰쳐나와
'대한 독립 만세! 대한 독립 만세!'를 외쳤지.
당시 여덟 살이었던 코흘리개 손기정도 목이 터져라 만세를 불렀어.
온 나라가 태극기 물결로 출렁거리자,
일본은 평화적으로 만세를 부르는 사람들을 총칼로 무참히 짓밟았어.
그때까지도 조선의 독립은 먼 나라 이야기 같았지.

손기정은 신의주의 약죽 보통학교(지금의 초등학교)에 입학했어.
학교까지 2킬로미터쯤 가야 했는데 아이들에겐 꽤 먼 거리였지.
부잣집 아이들은 그나마 자전거를 타고 다녔지만,
가난한 손기정은 늘 뛰어다녔어. 자전거와 엎치락뒤치락 달리다 보면
마치 달리기 시합을 하듯 즐겁고 통쾌했어.

그 덕에 한 벌뿐인 옷은 늘 땀에 젖어 있었단다.
그렇게 달리기에만 열중하던 손기정은 열다섯이란 어린 나이에,
신의주와 중국 안동(단둥)의 친선 달리기 대회에서
어른들을 물리치고 1등을 차지했어.
1930년에는 신의주 4개 구역 대항 달리기 대회에서 우승,
1931년에는 전국 대회인 조선 신궁 대회 5,000미터에서 2위,
1932년에는 경영 단축 마라톤 대회에서 2위를 차지했지.

손기정은 용광로처럼 펄펄 끓는 더위에도,
한강이 꽁꽁 얼어붙는 추위에도 뛰고 또 뛰었어.
연습이 헛되지 않았는지 마라톤 세계 신기록을 두 번이나 세웠지.
그러나 일본은 손기정의 기록을 인정하지 않았단다.

1935년 11월 3일, 일본에서 메이지 신궁 대회가 열렸어.
베를린 올림픽에 나갈 선수 선발을 겸한 대회였는데,
손기정은 일본의 이케나카가 세운 세계 신기록을 2초 줄인
2시간 26분 42초로 우승을 거머쥐었어.
일본 관중들은 소스라치게 놀랐지.
시상식이 시작되자 기미가요가 울려 퍼졌어.
관중들은 일제히 기미가요를 따라 불렀어.

기미가요 일본의 국가.

시상식이 끝나자 손기정은 별안간
양정 고등 보통학교 응원단 쪽으로 뛰어가 흐느꼈어.
"왜 우리가 일본 국가를 불러야 합니까?"
손기정을 지도했던 김연창 선생은 황급히 손기정의 입을 틀어막았어.
일본 기자들이 몰려와 손기정이 운 이유를 꼬치꼬치 캐물었어.
"세계 최고 기록을 세워 올림픽에 나갈 수 있게 됐으니
감격스러울 수밖에요."
김연창 선생은 적당히 둘러대어 가까스로 위기를 모면했지.

해가 갈수록 세상은 뒤숭숭해졌어.
세계 곳곳에서 전쟁의 기운이 스멀스멀 피어났지.
히틀러를 앞세운 독일은 군사력을 키우며
다른 나라로 영토를 확장할 준비를 했어.
일본은 중국의 만주를 침략한 것도 모자라
대륙으로 세력을 뻗어 나가려는 야욕을 불태웠지.
조선은 그런 일본의 군수 기지나 다름없었어.
그렇다고 조선 사람들이 당하고만 있었던 건 아니야.
일찍이 안중근은 조선 침략의 원흉인 이토 히로부미를 죽였고,
나석주와 윤봉길 그리고 이봉창도 일본의 왕을 포함한
주요 인물들을 없애기 위해 목숨을 바쳤어.
중국 상해에 위치한 임시 정부는 여러 국제회의에 사람을 보내
조선이 자주 독립국임을 알리고, 광복군을 만들어 독립운동을 펼쳤어.
광주에서는 학생들을 중심으로 대규모 항일 운동이 일어났지.
배우지 못한 소작농들도 일본 지주에게 맞서 싸웠고
노동자들은 총파업을 하며 일본 자본가에게 맞섰어.
저마다 가슴속에 독립의 햇불이 활활 타올랐단다.

전 세계에 전쟁의 기운이 도사리고 있었지만
1936년에 독일 베를린에서는 어김없이 올림픽이 열렸어.
손기정은 그토록 바라던 올림픽에 나가게 되었지만
조선이 아닌 일본의 대표 선수가 되어 무척 가슴이 아팠어.
베를린에 도착한 손기정은 단 한 번도
일본의 국기와 나라 이름이 새겨진 운동복을 입지 않았어.
사람들이 사인을 해 달라고 하면
한글로 '손기정'이라고 적고 그 옆에 'KOREA'라고 썼지.
어떨 때는 한반도를 그려 주기도 했어.
어느 날 일본 사람이 후지 산을 그려 달라고 하자
손기정은 두말 않고 그 자리에서 조선의 금강산을 그려 버렸대.
일본 경찰이 그림자처럼 따라다니면서
승냥이 같은 눈으로 감시하는데도 말이야.

1936년 8월 9일!

드디어 베를린 올림픽의 꽃인 마라톤 경기가 열렸어.

나, 청동 투구는 가슴이 벅차올랐단다.

그리스가 나를 마라톤 우승자에게 상으로 주기로 했거든.

올림픽 주 경기장에 히틀러 총통이 나타났어.

10만 관중은 경기장이 떠나갈 듯 함성을 질러 댔어.

출발선 앞에 선 56명의 선수들이 몸을 풀었어.

모두들 세계에서 내로라하는 선수들이었지.

난 누가 나를 차지하게 될까 궁금해하며

한 명 한 명을 찬찬히 뜯어봤어.

맨 먼저 눈에 들어온 사람은 1932년 로스앤젤레스 올림픽의

우승자인 아르헨티나의 자바라였어.

아, 세계 최고 기록을 가진 손기정도 보이고

일장기를 단 또 다른 조선 사람, 남승룡도 눈에 띄었어.

아무래도 자바라와 손기정 둘 중 한 명이 날 차지할 것 같았지.

'타앙!'

드디어 출발 신호탄이 울려 퍼졌어.

태양이 하도 뜨겁게 내리쬐어 아스팔트 길에

곧 불이라도 붙을 것 같았어.

무려 30도를 웃도는 더운 날씨라 숨 쉬기조차 힘들었지.

선수들 몸에서는 땀이 비 오듯 흘러내렸어.

아르헨티나의 자바라가 먼저 반환점을 돌았어.

그런데 호숫가 코스로 접어드는 29킬로미터 지점에서

손기정이 자바라를 제치고 선두로 나서네.

결국 자바라는 30킬로미터 지점에서 무릎을 꿇고 주저앉아 버렸어.

올림픽 주 경기장에 드디어 한 선수가 들어왔어.
"손기테이가 일등이다!"
일본 사람들이 펄쩍펄쩍 뛰며 좋아했어.
손기정은 주 경기장의 경주로를 한 바퀴 돌더니
마치 100미터 단거리 선수처럼 결승선을 향해 쏜살같이 달렸어.
마침내 손기정의 가슴에 결승 테이프가 척 감겼어.
2시간 29분 19초 2!
당시 인간으로서는 넘기 힘들다던 2시간 30분대의 기록을 깬 거야.
관중들의 함성이 하늘을 찔렀어.

손기정은 시상대의 한가운데에 있는 금메달 자리에 섰어.

은메달은 영국의 하퍼, 동메달은 남승룡이었어.

놀랍게도 시상대에 선 세 사람 중 둘이 조선 사람이었지.

제일 먼저 일본 국가가 경기장에 울려 퍼졌어.

금메달을 목에 건 손기정은 고개를 툭 떨구고는,

월계 화분으로 가슴의 일장기를 가렸지.

남승룡도 손기정처럼 고개를 떨어뜨렸어.

우승한 사람의 얼굴이 그토록 침통할 수 있을까?

전 세계에서 일등을 한 손기정의 얼굴은

세상에서 가장 슬퍼 보였단다.

난 한시바삐 영광스러운 주인을 만나고 싶었어.

그런데 아무리 기다려도 손기정은 날 찾아오지 않았어.

엉뚱하게도 난 베를린의 샤로텐부르크 박물관으로 옮겨졌지.

나중에 알았지만 그날 손기정은

나를 상으로 받게 된다는 사실조차 몰랐대.

손기정의 우승 소식은 다음 날 아침에야
녹음 방송으로 조선에 알려졌단다.
사람들은 거리로 뛰쳐나와 감격스러워했어.
나라를 빼앗긴 울분이 한꺼번에 사라진 듯했지.
그런데 얼마 뒤, 조선을 발칵 뒤집는 사건이 벌어졌어.
1936년 8월 13일 자 〈조선중앙일보〉에서 시작된
'일장기 말소 사건'이야.
기자들이 가슴에 일장기를 단 채로 금메달 시상대에 선
손기정의 사진에서 일장기를 지우고 신문에 실었어.
8월 25일 자 〈동아일보〉와 〈신동아〉 9월 호에도
일장기를 지운 사진이 실렸지.
〈동아일보〉의 이길용 기자는 가슴에 새겨진 일장기가
너무나 거슬려서 지워 버렸다고 했어.
일본 경찰이 가만히 있을 리 없었지.
사람들이 일장기 대신 조선의 태극기를 떠올릴 테니까.
일본 경찰은 일장기를 지운 기자 5명을 고문했어.
사건에 연루된 신문사들은
더는 신문을 발간하지 못했지.

그 뒤로 언론들은 손기정의 사진에서
일장기를 지울 수 없었어.
하지만 시간이 갈수록 조선 사람들의 머릿속에는
월계관을 쓰고 가슴에 태극기를 단 손기정의 모습이 또렷해졌지.
일본 경찰은 거머리처럼 손기정을 미행했고,
사람이 많이 모인 곳에는 얼씬도 못 하게 했어.
마라톤을 그만두라는 협박까지 했지.
급기야 손기정은 마라톤을 포기하고 보성 전문학교에 입학했어.
그럼에도 일본 경찰들은 손기정을 끊임없이 못살게 굴었어.
비밀 집회가 벌어지고 있다는 밀고를 받았다며
보성 전문학교 입학식에 들이닥치는가 하면 우편물까지도 늘 검열했지.
견디다 못한 손기정은 일본 메이지 대학으로
유학을 떠났단다.

1939년, 세계 곳곳에 도사리고 있던
불길한 전쟁의 기운이 결국 터지고 말았어.
독일이 폴란드를 침공하면서
제2차 세계 대전이 벌어진 거야.

중일 전쟁에서 승리한 일본도
미국의 진주만 기지를 습격하며 태평양 전쟁을 일으켰어.
손기정이 유학을 마치고 돌아온 일 년 뒤였지.
일본은 조선의 청년들을 전쟁터로 끌고 가 총알받이로 삼았어.
여자들을 납치해 군수 공장에서 일을 시키거나
성 노예로 삼아 전쟁터 여기저기로 끌고 다녔지.
그것도 모자라 닥치는 대로 물자를 빼앗아 갔어.
부엌에 있는 쌀 한 톨까지 강제로 빼앗고
숟가락이나 요강을 비롯한 쇠붙이란 쇠붙이는 죄다 쓸어 가
무기를 만드는 데 사용했지.

1945년 8월 6일, 끔찍한 전쟁이 막을 내렸어.
미국이 일본의 히로시마와 나가사키에
차례로 원자 폭탄을 떨어뜨렸지.
삽시간에 수십만 명이 끔찍하게 죽거나 다쳤어.
1945년 8월 15일 아침,
라디오에서 일본 천황의 목소리가 흘러나왔어.
일본이 연합국에 무조건 항복한다는 내용이었지.
"대한 독립 만세! 대한 독립 만세!"
조선의 거리는 함성과 태극기 물결로 가득 찼어.
하지만 기쁨도 잠시, 이번에는 주변의 강대국들이
자기들 마음대로 조선을 갈라놓았어.
38선 남쪽은 미국이, 북쪽은 소련이 맡아서 다스리기로 한 거야.

해방 이후 손기정은 육상 지도자의 길로 나섰어.

그리고 시간이 꽤 흐른 1975년 어느 날이었지.

손기정은 앨범을 정리하다 우연히 사진 한 장을 발견했어.

바로 독일 박물관에 진열된 나, 청동 투구를 찍은 사진이었지.

유물 해설 표지판에는 '2시간 29분 19초의 기록을 세운

마라톤 우승자 손기정의 것'이라고 적혀 있었어.

손기정은 억울하고 분해서 할 말을 잃었대.

부랴부랴 독일 올림픽 위원회에 연락해 날 돌려 달라고 요구했지만

독일 올림픽 위원회는 이런저런 핑계를 대며 돌려주지 않았어.

나도 분통이 터졌지만 어쩔 수 없었지.

또다시 세월이 흘러 1981년 9월 30일이 됐어.

독일 바덴바덴에서 1988년 올림픽 개최지를 결정하는 날이었지.

대한민국의 서울과 일본의 나고야가

개최지를 두고 치열하게 다투었어.

난 가슴을 졸이며 서울을 응원했단다.

"52대 27, 서울 코리아!"

사마란치 국제 올림픽 위원회 위원장의 목소리가 울려 퍼졌어.

난 펄쩍펄쩍 뛸 정도로 기뻤어.

나의 주인인 손기정을 만날 수 있을까 싶어서였지.

아니나 다를까 세계의 수많은 언론들이 앞다투어

나를 원래 주인인 손기정에게 돌려주라고 요구했어.

독일 올림픽 위원회도 더는 어쩔 수 없었는지

베를린 올림픽이 열린 지 50년이 지난 1986년에야 비로소

나를 손기정의 품으로 보내 주었단다.

1987년에는 대한민국 정부가 나를 보물 904호로 지정했어.
나는 비록 외국 유물이지만 대한민국의 문화재가 되었지.
1994년 어느 날, 손기정이 나에게 나지막이 말했어.
"넌 나의 것이 아니라 우리 민족 모두의 것이야.
아쉽지만 너를 국립중앙박물관에 기증하기로 했단다."
50년 동안 떨어져 있다가 겨우 만났는데 또다시 이별이라니!
너무나 아쉬웠지만 어쩔 수 없었지.

2002년 11월 15일, 누군가 내 앞에 꽃 한 송이를 놓아 주었어.
손기정이 병으로 고생하다가 하늘로 떠났다는 소식을 전하면서.
난 그날의 손기정을 떠올렸어. 세상에서 가장 슬픈 표정으로
금메달 시상대에 섰던 손기정을.
"난 꼭 일등을 하고 싶었어. 그래야 전 세계 사람들이
조선이라는 나라가 있다는 것을 알 테니까!"
지금도 그날 손기정 선수의 외침이 생생해. 그리고 난 기억해.
그날의 승리는 분명 일본이 아니라 대한민국의 것이었음을!

청동 투구가 들려주는 일제 강점기 이야기

일제 강점기에 일본은 우리 민족을 모질게 탄압했어요. 총칼로 마구 짓밟고 우리말과 글을 쓰지 못하게 하였으며 이름마저 일본 이름으로 바꾸게 하는 등 우리의 민족성을 말살하려고 했지요. 그러나 우리 민족은 일본의 만행에 굴하지 않았어요. 어려운 상황에서도 민족의 자긍심을 지키려 했던 손기정 선수와 우리 민족의 숭고한 저항 정신을 살펴봐요.

일제 강점기에 일본은 우리 민족을 어떻게 탄압했나요?

일본은 우리나라를 강제로 통치하며 군인인 헌병을 두어 사람들을 감시했어요. 또 정치 단체를 만들지 못하도록 하고, 자신들을 따르지 않는 사람들은 강제로 끌고 가 고문했지요.

그들은 특히 우리 민족의 문화와 전통을 말살하려는 여러 정책을 폈어요. 학교에서는 한글 대신 일본어를 가르쳤고, 거짓으로 역사를 꾸며 냈어요. 우리나라가 고대부터 일본의 지배를 받아 왔으며, 의지가 약한 민족이어서 일본의 지배를 받는 것이 역사적으로 당연하다고 억지 주장을 폈지요. 또한 교육을 제대로 받지 못하게 하려고 지금의 대학교에 해당하는 고등 교육 기관을 없애 버렸어요.

이러한 억압이 계속되자, 1919년 전국 각지에서 삼일 운동이 일어났어요. 이 일을 계기로 일본은 우리 민족을 강하게 탄압하는 정책이 큰 저항을 불러올 수 있다고 판단했어요. 그래서 우리의 전통과 문화를 어느 정도 인정하는 이른바 '문화 통치'를 시작했어요. 헌병 대신 보통 경찰을 두었고, 우리나라 사람이 신문을 발행하는 것도 허락했지요. 이때 〈조선중앙일보〉, 〈동아일보〉가 창간했어요. 하지만 이것은 독립운동을 분열하고 친일파를 늘리려는 속셈에 불과했어요. 헌병을 경찰로 바꾸기는 했지만 그 수를 더욱 늘려 감시와 억압을 이어 갔으며, 신문의 내용을 일일이 검열하여 마음에 들지 않는 부분은 삭제하고 아예 폐간을 시키기도 했어요.

1930년대에는 우리 민족을 말살하려는 정책에 더욱 기를 쓰고 달려들었어요. 일본식으로 이름을 바꾸는 창씨개명을 시행하여 이름을 바꾸지 않으면 학교를 다니지 못하게 하고, 취직도 할 수 없게 했어요. 심지어 우편물도 받을 수 없었지요.

또한 일본과 우리나라가 하나의 민족임을 강조하며 일본 천황을 향해 인사하고 '교육칙어', '황국신민서사'를 강제로 외우게 했어요.

손기정은 이러한 암울한 시기에 베를린 올림픽에 출전했어요. 일본이 창씨개명을 강요하고 모든 행동을 감시했지만, 베를린에서 만난 사람들

조회 시간에 일본 황제를 향해 인사하고, 교육칙어를 읽는 학생들의 모습.

에게 '손기정'이라고 자신의 이름을 당당히 밝히고 우리말로 사인을 하며 자신이 우리나라의 대표임을 잊지 않았어요.

손기정은 왜 일본 대표로 베를린 올림픽에 출전했나요?

일본은 1905년 을사늑약을 맺어 우리나라의 외교권을 빼앗고, 1910년에는 주권마저 빼앗아 강제로 통치하기 시작했어요. 그래서 우리나라의 국적으로는 올림픽에 출전할 수 없었지요. 그렇다고 일본 대표로 뽑히는 것도 쉬운 일은 아니었어요. 일본은 우리나라 선수가 자기 나라의 선수를 제치고 올림픽 대표가 되는 것을 원치 않았거든요. 우리 민족보다 자신들이 월등하다고 생각하여 자존심이 상했던 거예요. 그래서 올림픽 대표 선수를 선발할 때 이런저런 방해를 일삼으며, 일본 선수에게 유리한 조건으로 시합을 진행했지요.

그럼에도 손기정은 베를린 올림픽에 나가기 위해 최선을 다했어요. 그 결과 올림픽 대표 2차 선발전에서 세계 최고 기록으로 1위를 하며 대표로 선발되었지요.

손기정과 함께 베를린 올림픽에 출전한 남승룡은 올림픽 대표 2차 선발전에서 아깝게 4위에 그쳐 최종 선발전에서 1위를 해야만 대표가 될 수 있었어요. 이 소식을 들은 손기정은 최종 선발전에서 1위를 달리며 일본 선수 시오아쿠와 스즈키의 힘을 빼는 작전을 펼쳤어요. 결국 뒷심이 강한

남승룡이 일본 선수들을 제치고 1위를 차지했지요. 하지만 일본 육상 연맹은 끝까지 남승룡의 출전을 꺼렸어요. 그래서 4명을 베를린에 보내 훈련을 시킨 뒤 그곳에서 최종 선발전을 치르자고 했어요. 대회를 앞두고 몸의 상태를 잘 조절해야 할 시기에 온 힘을 다해 경기를 치르는 것은 무모한 일이었지만 두 선수는 어쩔 수 없이 일본의 뜻에 따라야 했지요.

베를린 올림픽 마라톤 경기 후 시상대에 선 손기정과 남승룡.

그러나 베를린에서 벌어진 최종 선발전에서 결국 일본의 스즈키가 탈락하고 조선의 남승룡이 대표로 선발되었어요. 손기정과 남승룡은 일본의 부당한 대우에 실력으로 정정당당하게 맞서 메달을 목에 걸었지요.

일장기 말소 사건은 무엇인가요?

1936년 8월 9일 손기정이 베를린 올림픽 마라톤 대회에서 우승을 했어요. 이 소식은 다음 날 새벽 1시 35분 무렵 우리나라에 전해졌어요. 일본은 마라톤 대회를 녹음해 6시 30분부터 30분 동안 라디오로 중계했어요. 신문들도 일제히 호외˙를 돌렸지요. 마치 손기정과 남승룡이 원래부터 일본 사람이었다고 알리는 듯했어요.

경성(서울)의 신문사들이 신문사 앞에 속보판을 마련하자, 사람들이 구름 떼처럼 몰려들었어요. 수많은 조선 사람들은 손기정과 남승룡의 쾌거를 직접 눈으로 확인하며 나라를 빼앗긴 울분을 삭히었어요. 손기정과 남승룡이 짓밟혔던 우리 겨레의 자존심을 살려 준 셈이었지요.

그로부터 며칠 뒤인 8월 13일, 〈조선중앙일보〉는 손기정이 금메달을 수상하는 사진에서 그의 가슴에 새겨진 일장기를 지우고 보도했어요. 당시에는 신문을 발행하려면 일본의 검열을 받아야 했는데, 〈조선중앙일보〉는 인쇄의 품질이 나빠 지워진 것처럼 보이는 거라고 발뺌하여 검열을 통과했지요.

그런데 보름쯤 뒤인 8월 26일 오후 4시 무렵 일본 경찰서가 발칵 뒤집혔어요. 〈동아일보〉에도 일장기가 지워진 사진이 실린 거예요. 일본 경찰들은 그 길로 〈동아일보〉에 쳐들어가 기자들을 모조리 잡아들였어요. 이

호외 특별한 일이 있을 때에 임시로 발행하는 신문이나 잡지.

것이 바로 '일장기 말소 사건'이에요.

　범인으로 5명이 지목됐어요. 맨 먼저 사진을 고치자고 말한 이길용 기자, 사회 부장 현진건, 잡지 부장 최승만, 사진 과장 신낙균, 사진 조판 담당 서영호였지요. 이들은 40일 동안 감옥에 갇혀 혹독한 고문을 받았어요. 일본 경찰들은 이들에게 〈동아일보〉 창설자 김성수나 송진우 사장의 지시에 따랐다는 자백을 받으려고 했어요. 그래야 눈엣가시 같은 〈동아일보〉를 아예 없애 버릴 수 있으니까요.

　하지만 이들은 끝까지 자백하지 않았어요. 일본 경찰은 다시는 언론계에서 일하지 않겠다는 다짐을 받고서야 이들을 풀어 줬어요. 이 사건으로 〈동아일보〉는 무기한 신문을 발행할 수 없는 간행 정지 처분을 받았답니다.

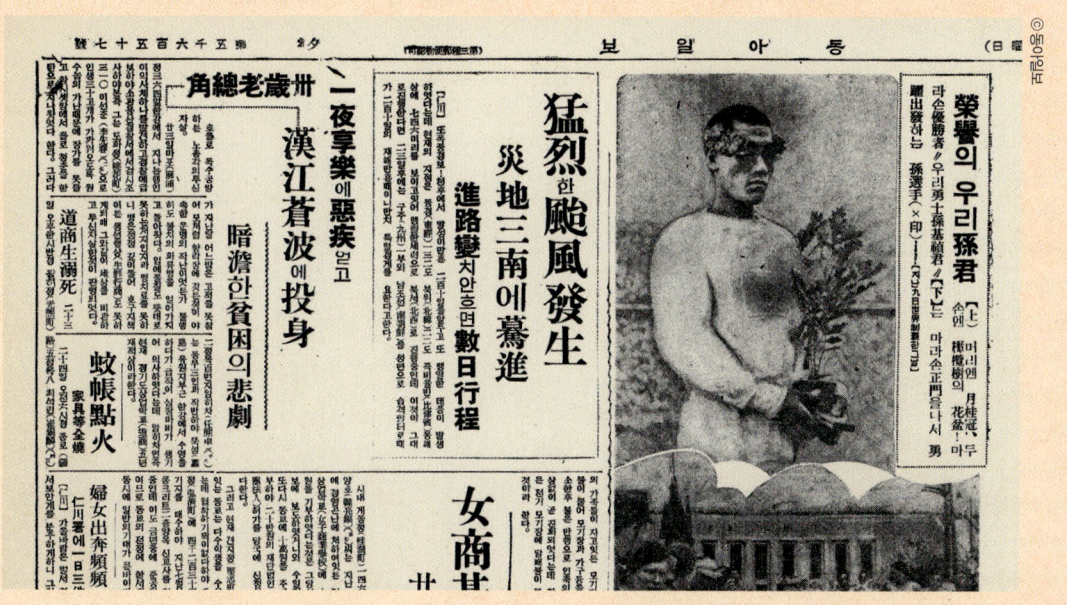

손기정의 가슴에 있던 일장기가 지워진 채 발행된 1936년 8월 25일 자 〈동아일보〉 석간.

우리의 보물이 된 그리스의 청동 투구

그리스는 기원전 490년에 마라톤 평원에서 페르시아와 전쟁을 벌여 승리했어요. 이때 한 병사가 약 40킬로미터를 달려가 그리스의 승전보*를 전하고 죽었어요. 그리스는 이 병사를 기리는 의미에서 제2회 파리 올림픽부터 마라톤 우승자에게 그리스의 유물을 선물로 주었지요. 이 관행은 고대 유물 유출 방지령이 내려진 제2차 세계 대전까지 계속되었어요.

손기정이 출전한 제11회 베를린 올림픽 때는 그리스의 브라디니 신문사가 부상으로 청동 투구를 내놓았어요. 그런데 당시 국제 올림픽 위원회에서 아마추어 선수에게는 메달 이외에 어떠한 선물도 공식적으로 수여할 수 없다는 규정을 들어 손기정에게 청동 투구를 주지 않았어요.

당시 손기정은 우승자에게 부상이 있다는 사실조차 몰랐어요. 일본은 우리나라 선수의 권리를 지켜 줄 의지가 없었기 때문에 손기정에게 이 사실을 알려 주지 않았고, 국제 올림픽 위원회에 건의도 하지 않았어요. 그래서 이 청동 투구는 주인을 찾지 못하고 독일의 샤로텐부르크 박물관에 전시되었지요.

1975년 손기정은 앨범을 정리하다가 우연히 베를린 올림픽 직후 일본 임원에게 받은 사진을 통해 청동 투구가 자신이 받아야 할 부상이었다는 것을 알게 되었어요. 그 뒤로 청동 투구를 돌려받기 위해 노력했지요. 국

승전보 싸움에 이긴 경과를 적은 기록.

내 언론사, 대한 올림픽 위원회, 투구를 선물로 내놓았던 브라디니 신문사와 그리스 올림픽 위원회가 손기정을 도왔어요. 10여 년의 노력 끝에 베를린 올림픽 개최 50주년을 맞아 독일 올림픽 위원회가 마련한 기념행사에서 손기정은 청동 투구를 돌려받았어요.

손기정이 베를린 올림픽 마라톤 대회 우승 부상으로 받은 청동 투구. 우리나라 보물 제904호로 지정됨.

이 청동 투구는 고대 그리스의 도시 국가인 코린트에서 기원전 6세기 무렵에 제작되었어요. 1875년 제우스 신전을 발굴하던 독일의 고고학자들이 발견했지요.

청동 투구는 비록 외국의 유물이지만 2천 6백 년 전에 만들어진 것이고, 별다른 손상이 없으며, 일제 강점기에 우리 국민들의 자긍심을 높여 준 점을 인정받아 1987년에 우리나라의 보물이 되었어요. 손기정이 기증하여 현재는 국립중앙박물관에서 보관하고 있답니다.

마라톤은 어떻게 시작되었을까요?

　마라톤의 유래를 알기 위해서는 기원전 490년으로 거슬러 올라가야 해요. 페르시아 군대가 아테네로 쳐들어와 아테네 동북쪽에 위치한 마라톤 들판에서 서로 맞붙었어요. 이 전투에서 아테네군이 페르시아군을 무찌르고 승리했어요. 아테네군을 이끈 밀티아데스 장군은 어서 빨리 아테네에 승전보를 전하고 싶었어요. 그래서 병사 필립피데스에게 마라톤 벌판에서 아테네까지 달려가 기쁜 소식을 알리라고 명령했지요. 필립피데스는 약 40킬로미터를 쉬지 않고 달려가 "우리가 승리했다. 아테네 시민들이여, 기뻐하라."라고 외친 뒤 죽고 말았어요. 마라톤은 이 전설을 바탕으로 만들어졌지요.

　원래 올림픽은 고대 그리스인들이 제우스 신에게 바치는 제전 경기였어요. 그런데 그리스가 로마의 지배를 받으면서 사라졌다가, 프랑스의 쿠베르탱 남작이 체육 대회 형태로 다시 부활시켰지요. 그런데 올림픽을 준비하던 쿠베르탱 남작이 마라톤 전투에 관한 전설을 듣고 장거리 육상 경기에 '마라톤'이라는 이름을 붙여 올림픽 경기 종목으로 채택했어요.

　마라톤의 경주 거리가 42.195킬로미터인 것도 이 전설과 관련이 있어요. 필립피데스가 달린 거리인 40킬로미터와 비슷하게 경주 거리를 정한 것이지요. 처음에는 올림픽 개최지의 형편에 따라 경주 거리를 조금씩 달리했어요. 그러다가 1924년 제8회 파리 올림픽부터 42.195킬로미터로 통일했지요.

　우리나라 최초의 마라톤 대회는 1920년에 실시한 경성 일주 마라톤 대회예요. 이 마라톤 대회의 경주 거리는 올림픽보다 짧은 25킬로미터였어요. 이후 계속해서 다양한 마라톤 대회가 열렸고 참가하는 사람도 점점 늘어났지요.

　1932년에는 김은배와 권태하가 로스앤젤레스 올림픽에 출전하여 각각 6위와 9위를 차지하였어요.

　손기정은 우리나라 최초로 올림픽 마라톤 경기에서 금메달을 딴 선수예요. 비록 일본 대표로 출전했지만 그의 금메달 소식은 일제의 탄압과 억압에 억눌려 있던 우리 민족의 설움을 단번에 날려 주었어요. 이후 1992년 바르셀로나 올림픽에서 황영조 선수가 금메달을 따면서 다시 한 번 우리나라 마라톤의 저력을 세계에 널리 알렸답니다.

> 작가의 말

나라를 잃고도 꺾이지 않았던 불굴의 의지!

올림픽 마라톤 대회에 나가 금메달을 땄다면 여러분은 시상대에서 어떤 표정을 짓겠어요? 저라면 온 세상을 다 가진 듯 행복한 표정을 지었을 거예요. 그런데 금메달을 따고도 고개를 푹 숙인 채 슬픈 표정을 한 사람이 있어요. 바로 일제 강점기 때 베를린 올림픽에서 금메달을 딴 마라토너 손기정이에요. 손기정의 슬픈 표정은 나라를 잃은 조선 사람들의 마음을 울렸어요. 사람들은 그의 가슴에서 일장기를 지우고, 그곳에 태극기를 그려 넣어 독립의 꿈을 키워 갔죠.

그로부터 수십 년이 흐른 뒤 손기정은 그 당시 올림픽 마라톤 우승자에게 부상으로 청동 투구를 주기로 했었다는 사실을 알게 되었어요. 당시 일본은 이 사실을 알고도 조선인인 손기정을 대변할 의지가 없었기에 청동 투구가 주어지지 않은 데 대해 항의하지 않았어요.

다행히 많은 사람들의 노력으로 독일의 한 박물관에 전시되어 있던 청동 투구가 원래의 주인인 손기정의 품으로 돌아왔어요. 그리고 우리나라의 보물로 지정되었지요. 외국 유물이 우리나라의 보물로 지정되는 것은 흔치 않은 일이에요. 청동 투구에 나라를 빼앗기고도 희망을 잃지 않고 독립을 이뤄 낸 조선 사람들의 자존심과 긍지가 담겨 있기에 가능한 일이었지요.

　이 글을 쓰기 전에 청동 투구를 만나러 국립중앙박물관을 찾았어요. 유구한 세월을 살아온 청동 투구는 여전히 늠름하고 굳센 모습이었어요. 손기정이 제때 받지 못했던 이 청동 투구는 일본에 대한 조선의 승리를 의미했는지도 몰라요. 일본이 그것을 알았기 때문에 청동 투구를 나 몰라라 했던 것이 아닐까요? 손기정 선수를 중심으로 조선인들이 똘똘 뭉쳐 들고일어날 것을 염려했을 테지요.

　손기정 선수는 고인이 되었지만 일본 국기를 월계 화분으로 가리고 시상대에 섰던 마라톤 금메달리스트 손기정의 모습은 우리의 기억 속에 생생하게 살아 있어요. 그리고 그날의 승리가 일본인이 아닌, 조선인 손기정의 것이었음을 청동 투구가 증언하고 있는 듯해요.

　청동 투구가 들려주는 이야기에 가만히 귀 기울여 보세요. 1936년 8월 9일, 가슴이 뭉클한 그날의 역사에는 나라를 잃고도 결코 꺾이지 않았던 불굴의 정신이 서려 있어요. 그것은 고난과 역경에도 굴하지 않고 희망의 길을 찾아 나아갔던 우리의 자랑스러운 민족정신과 맞닿아 있지요.

　손기정 선수가 딴 금메달은 세상에서 가장 슬픈 금메달이었지만 우리 민족을 하나로 이어 준 세상에서 가장 값진 금메달이었음을 꼭 기억해 주길 바라요.

천관산 숲속 노루궁둥이에서 김해등

"그리고 난 기억해.
그날의 승리는 분명 일본이 아니라
대한민국의 것이었음을!"